한문
법화경 사경 6

은주사

| 묘법연화경 제一권 | 제1 서품 | 9 |
| | 제2 방편품 | 53 |

| 묘법연화경 제二권 | 제3 비유품 | 5 |
| | 제4 신해품 | 77 |

묘법연화경 제三권	제5 약초유품	5
	제6 수기품	24
	제7 화성유품	44

묘법연화경 제四권	제8 오백제자수기품	5
	제9 수학무학인기품	28
	제10 법사품	41
	제11 견보탑품	62
	제12 제바달다품	90
	제13 권지품	107

묘법연화경 제五권	제14 안락행품	5
	제15 종지용출품	40
	제16 여래수량품	68
	제17 분별공덕품	88

묘법연화경 제六권	제18 수희공덕품	5
	제19 법사공덕품	18
	제20 상불경보살품	49
	제21 여래신력품	65
	제22 촉루품	76
	제23 약왕보살본사품	81

묘법연화경 제七권	제24 묘음보살품	5
	제25 관세음보살보문품	25
	제26 다라니품	46
	제27 묘장엄왕본사품	59
	제28 보현보살권발품	76

사경 시작한 날 : 불기   년   월   일

_____ 두손 모음

妙法蓮華經 卷第六

隨喜功德品 第十八
수 희 공 덕 품 제 십 팔

爾時 彌勒菩薩摩訶薩 白佛
이 시 미 륵 보 살 마 하 살 백 불

言 世尊 若有善男子善女人
언 세 존 약 유 선 남 자 선 여 인

聞是法華經 隨喜者 得幾所
문 시 법 화 경 수 희 자 득 기 소

福 而說偈言
복 이 설 게 언

世尊滅度後 其有聞是經
세 존 멸 도 후 기 유 문 시 경

若能隨喜者 爲得幾所福
약 능 수 희 자 위 득 기 소 복

爾時 佛告彌勒菩薩摩訶薩
이 시 불 고 미 륵 보 살 마 하 살

阿逸多 如來滅後 若比丘比
아일다 여래멸후 약비구비

丘尼 優婆塞優婆夷 及餘智
구니 우바새우바이 급여지

者 若長若幼 聞是經隨喜已
자 약장약유 문시경수희이

從法會出 至於餘處 若在僧
종법회출 지어여처 약재승

坊 若空閑地 若城邑巷陌
방 약공한지 약성읍항맥

聚落田里 如其所聞 爲父母
취락전리 여기소문 위부모

宗親 善友知識 隨力演說
종친 선우지식 수력연설

是諸人等 聞已隨喜 復行轉
시제인등 문이수희 부행전

敎 餘人聞已 亦隨喜轉敎
교 여인문이 역수희전교

如是展轉 至第五十 阿逸多
여시전전 지제오십 아일다

其第五十 善男子善女人 隨
기 제 오 십　선 남 자 선 여 인　수

喜功德 我今說之 汝當善聽
희 공 덕　아 금 설 지　여 당 선 청

若四百萬億 阿僧祇世界 六
약 사 백 만 억　아 승 기 세 계　육

趣四生衆生 卵生胎生 濕生
취 사 생 중 생　난 생 태 생　습 생

化生 若有形無形 有想無想
화 생　약 유 형 무 형　유 상 무 상

非有想非無想 無足二足 四
비 유 상 비 무 상　무 족 이 족　사

足多足 如是等 在衆生數者
족 다 족　여 시 등　재 중 생 수 자

有人求福 隨其所欲 娛樂之
유 인 구 복　수 기 소 욕　오 락 지

具 皆給與之 一一衆生 與
구　개 급 여 지　일 일 중 생　여

滿閻浮提 金銀琉璃 硨磲瑪
만 염 부 제　금 은 유 리　자 거 마

제18 수희공덕품

瑙 珊瑚琥珀 諸妙珍寶 及
노 산호호박 제묘진보 급

象馬車乘 七寶所成 宮殿樓
상마거승 칠보소성 궁전누

閣等 是大施主 如是布施
각등 시대시주 여시보시

滿八十年已 而作是念 我
만 팔십년이 이작시념 아

已施衆生 娛樂之具 隨意所
이시중생 오락지구 수의소

欲 然此衆生 皆已衰老 年
욕 연차중생 개이쇠로 연

過八十 髮白面皺 將死不久
과팔십 발백면추 장사불구

我當以佛法 而訓導之 卽集
아당이불법 이훈도지 즉집

此衆生 宣布法化 示教利喜
차중생 선포법화 시교리희

一時皆得 須陀洹道 斯陀含
일시개득 수다원도 사다함

道 阿那含道 阿羅漢道 盡
도 아나함도 아라한도 진

諸有漏 於深禪定 皆得自在
제유루 어심선정 개득자재

具八解脫 於汝意云何 是大
구팔해탈 어여의운하 시대

施主 所得功德 寧爲多不
시주 소득공덕 영위다부

彌勒白佛言 世尊 是人功德
미륵백불언 세존 시인공덕

甚多 無量無邊 若是施主
심다 무량무변 약시시주

但施衆生 一切樂具 功德無
단시중생 일체악구 공덕무

量 何況令得 阿羅漢果 佛
량 하황영득 아라한과 불

告彌勒 我今分明語汝 是人
고미륵 아금분명어여 시인

以一切樂具 施於四百萬億
이일체악구 시어사백만억

제18 수희공덕품

阿僧祇世界 六趣衆生 又令
아 승 기 세 계　육 취 중 생　우 영

得阿羅漢果 所得功德 不如
득 아 라 한 과　소 득 공 덕　불 여

是第五十人 聞法華經一偈
시 제 오 십 인　문 법 화 경 일 게

隨喜功德 百分千分 百千萬
수 희 공 덕　백 분 천 분　백 천 만

億分 不及其一 乃至算數譬
억 분　불 급 기 일　내 지 산 수 비

喻 所不能知 阿逸多 如是
유　소 불 능 지　아 일 다　여 시

第五十人 展轉聞法華經 隨
제 오 십 인　전 전 문 법 화 경　수

喜功德 尚無量無邊 阿僧祇
희 공 덕　상 무 량 무 변　아 승 기

何況最初於會中 聞而隨喜
하 황 최 초 어 회 중　문 이 수 희

者 其福復勝 無量無邊 阿
자　기 복 부 승　무 량 무 변　아

僧祇 不可得比 又阿逸多
승 기 불 가 득 비 우 아 일 다

若人 爲是經故 往詣僧坊
약 인 위 시 경 고 왕 예 승 방

若坐若立 須臾聽受 緣是功
약 좌 약 립 수 유 청 수 연 시 공

德 轉身所生 得好上妙 象
덕 전 신 소 생 득 호 상 묘 상

馬車乘 珍寶輦輿 及乘天宮
마 거 승 진 보 연 여 급 승 천 궁

若復有人 於講法處坐 更有
약 부 유 인 어 강 법 처 좌 갱 유

人來 勸令坐聽 若分座令坐
인 래 권 령 좌 청 약 분 좌 령 좌

是人功德 轉身 得帝釋坐
시 인 공 덕 전 신 득 제 석 좌

處 若梵王坐處 若轉輪聖王
처 약 범 왕 좌 처 약 전 륜 성 왕

所坐之處 阿逸多 若復有人
소 좌 지 처 아 일 다 약 부 유 인

語餘人言 有經名法華 可共
어 여 인 언　유 경 명 법 화　가 공

往聽 卽受其敎 乃至須臾間
왕 청　즉 수 기 교　내 지 수 유 간

聞 是人功德 轉身 得與陀
문　시 인 공 덕　전 신　득 여 다

羅尼菩薩 共生一處 利根智
라 니 보 살　공 생 일 처　이 근 지

慧 百千萬世 終不瘖瘂 口
혜　백 천 만 세　종 불 음 아　구

氣不臭 舌常無病 口亦無病
기 불 취　설 상 무 병　구 역 무 병

齒不垢黑 不黃不疎 亦不缺
치 불 구 흑　불 황 불 소　역 불 결

落 不差不曲 脣不下垂 亦
락　불 차 불 곡　순 불 하 수　역

不褰縮 不麤澁 不瘡胗 亦
불 건 축　불 추 삽　불 창 진　역

不缺壞 亦不喎斜 不厚不大
불 결 괴　역 불 와 사　불 후 부 대

亦不黧黑 無諸可惡 鼻不匾
역 불 리 흑 무 제 가 악 비 불 변
匿 亦不曲戾 面色不黑 亦
제 역 불 곡 려 면 색 불 흑 역
不狹長 亦不窊曲 無有一切
불 협 장 역 불 와 곡 무 유 일 체
不可喜相 脣舌牙齒 悉皆嚴
불 가 희 상 순 설 아 치 실 개 엄
好 鼻修高直 面貌圓滿 眉
호 비 수 고 직 면 모 원 만 미
高而長 額廣平正 人相具足
고 이 장 액 광 평 정 인 상 구 족
世世所生 見佛聞法 信受教
세 세 소 생 견 불 문 법 신 수 교
誨 阿逸多 汝且觀是 勸於
회 아 일 다 여 차 관 시 권 어
一人 令往聽法 功德如此
일 인 영 왕 청 법 공 덕 여 차
何況一心 聽說讀誦 而於大
하 황 일 심 청 설 독 송 이 어 대

衆 爲人分別 如說修行 爾
중 위인분별 여설수행 이

時 世尊 欲重宣此義 而說
시 세존 욕중선차의 이설

偈言
게언

若人於法會 得聞是經典
약인어법회 득문시경전

乃至於一偈 隨喜爲他說
내지어일게 수희위타설

如是展轉教 至于第五十
여시전전교 지우제오십

最後人獲福 今當分別之
최후인획복 금당분별지

如有大施主 供給無量衆
여유대시주 공급무량중

具滿八十歲 隨意之所欲
구만팔십세 수의지소욕

見彼衰老相 髮白而面皺
견피쇠로상 발백이면추

| 齒 踈 形 枯 竭 | 念 其 死 不 久 |
| 치 소 형 고 갈 | 염 기 사 불 구 |

我今應當教　令得於道果
아 금 응 당 교　영 득 어 도 과

卽爲方便說　涅槃眞實法
즉 위 방 편 설　열 반 진 실 법

世皆不牢固　如水沫泡焰
세 개 불 뢰 고　여 수 말 포 염

汝等咸應當　疾生厭離心
여 등 함 응 당　질 생 염 리 심

諸人聞是法　皆得阿羅漢
제 인 문 시 법　개 득 아 라 한

具足六神通　三明八解脫
구 족 육 신 통　삼 명 팔 해 탈

最後第五十　聞一偈隨喜
최 후 제 오 십　문 일 게 수 희

是人福勝彼　不可爲譬喩
시 인 복 승 피　불 가 위 비 유

如是展轉聞　其福尙無量
여 시 전 전 문　기 복 상 무 량

何況於法會	初聞隨喜者
하 황 어 법 회	초 문 수 희 자
若有勸一人	將引聽法華
약 유 권 일 인	장 인 청 법 화
言此經深妙	千萬劫難遇
언 차 경 심 묘	천 만 겁 난 우
卽受教往聽	乃至須臾聞
즉 수 교 왕 청	내 지 수 유 문
斯人之福報	今當分別說
사 인 지 복 보	금 당 분 별 설
世世無口患	齒不疎黃黑
세 세 무 구 환	치 불 소 황 흑
脣不厚褰缺	無有可惡相
순 불 후 건 결	무 유 가 악 상
舌不乾黑短	鼻高修且直
설 불 건 흑 단	비 고 수 차 직
額廣而平正	面目悉端嚴
액 광 이 평 정	면 목 실 단 엄
爲人所喜見	口氣無臭穢
위 인 소 희 견	구 기 무 취 예

優鉢華之香	常從其口出
우 발 화 지 향	상 종 기 구 출
若故詣僧坊	欲聽法華經
약 고 예 승 방	욕 청 법 화 경
須臾聞歡喜	今當說其福
수 유 문 환 희	금 당 설 기 복
後生天人中	得妙象馬車
후 생 천 인 중	득 묘 상 마 거
珍寶之輦輿	及乘天宮殿
진 보 지 연 여	급 승 천 궁 전
若於講法處	勸人坐聽經
약 어 강 법 처	권 인 좌 청 경
是福因緣得	釋梵轉輪座
시 복 인 연 득	석 범 전 륜 좌
何況一心聽	解說其義趣
하 황 일 심 청	해 설 기 의 취
如說而修行	其福不可量
여 설 이 수 행	기 복 불 가 량

法師功德品 第十九
법 사 공 덕 품 제 십 구

爾時 佛告常精進菩薩摩訶
이 시 불고 상 정 진 보 살 마 하
薩 若善男子善女人 受持是
살 약 선 남 자 선 여 인 수 지 시
法華經 若讀若誦 若解說若
법 화 경 약 독 약 송 약 해 설 약
書寫 是人當得 八百眼功德
서 사 시 인 당 득 팔 백 안 공 덕
千二百耳功德 八百鼻功德
천 이 백 이 공 덕 팔 백 비 공 덕
千二百舌功德 八百身功德
천 이 백 설 공 덕 팔 백 신 공 덕
千二百意功德 以是功德 莊
천 이 백 의 공 덕 이 시 공 덕 장

嚴六根 皆令淸淨 是善男子
엄 육 근 　개 령 청 정 　시 선 남 자

善女人 父母所生 淸淨肉眼
선 여 인 　부 모 소 생 　청 정 육 안

見於三千大千世界 內外所
견 어 삼 천 대 천 세 계 　내 외 소

有 山林河海 下至阿鼻地獄
유 　산 림 하 해 　하 지 아 비 지 옥

上至有頂 亦見其中 一切衆
상 지 유 정 　역 견 기 중 　일 체 중

生 及業因緣 果報生處 悉
생 　급 업 인 연 　과 보 생 처 　실

見悉知 爾時 世尊 欲重宣
견 실 지 　이 시 　세 존 　욕 중 선

此義 而說偈言
차 의 　이 설 게 언

若於大衆中 以無所畏心
약 어 대 중 중 　이 무 소 외 심

說是法華經 汝聽其功德
설 시 법 화 경 　여 청 기 공 덕

제19 법사공덕품

是人得八百 功德殊勝眼
시인득팔백 공덕수승안
以是莊嚴故 其目甚清淨
이시장엄고 기목심청정
父母所生眼 悉見三千界
부모소생안 실견삼천계
內外彌樓山 須彌及鐵圍
내외미루산 수미급철위
幷諸餘山林 大海江河水
병제여산림 대해강하수
下至阿鼻獄 上至有頂處
하지아비옥 상지유정처
其中諸衆生 一切皆悉見
기중제중생 일체개실견
雖未得天眼 肉眼力如是
수미득천안 육안력여시
復次 常精進 若善男子善女
부차 상정진 약선남자선여
人 受持此經 若讀若誦 若
인 수지차경 약독약송 약

解說若書寫　得千二百耳功
해 설 약 서 사　득 천 이 백 이 공

德　以是清淨耳　聞三千大千
덕　이 시 청 정 이　문 삼 천 대 천

世界　下至阿鼻地獄　上至有
세 계　하 지 아 비 지 옥　상 지 유

頂　其中内外　種種語言音聲
정　기 중 내 외　종 종 어 언 음 성

象聲馬聲　牛聲車聲　啼哭聲
상 성 마 성　우 성 거 성　제 곡 성

愁歎聲　螺聲鼓聲　鍾聲鈴聲
수 탄 성　나 성 고 성　종 성 영 성

笑聲語聲　男聲女聲　童子聲
소 성 어 성　남 성 여 성　동 자 성

童女聲　法聲非法聲　苦聲樂
동 녀 성　법 성 비 법 성　고 성 낙

聲　凡夫聲聖人聲　喜聲不喜
성　범 부 성 성 인 성　희 성 불 희

聲　天聲龍聲　夜叉聲　乾闥
성　천 성 용 성　야 차 성　건 달

婆聲 阿修羅聲 迦樓羅聲
바성 아수라성 가루라성

緊那羅聲 摩睺羅伽聲 火聲
긴나라성 마후라가성 화성

水聲 風聲 地獄聲 畜生聲
수성 풍성 지옥성 축생성

餓鬼聲 比丘聲 比丘尼聲
아귀성 비구성 비구니성

聲聞聲 辟支佛聲 菩薩聲
성문성 벽지불성 보살성

佛聲 以要言之 三千大千
불성 이요언지 삼천대천

世界中 一切內外 所有諸聲
세계중 일체내외 소유제성

雖未得天耳 以父母所生 淸
수미득천이 이부모소생 청

淨常耳 皆悉聞知 如是分別
정상이 개실문지 여시분별

種種音聲 而不壞耳根 爾時
종종음성 이불괴이근 이시

世尊 欲重宣此義 而說偈言
세존 욕 중 선 차 의 이 설 게 언

父母所生耳 清淨無濁穢
부 모 소 생 이 청 정 무 탁 예

以此常耳聞 三千世界聲
이 차 상 이 문 삼 천 세 계 성

象馬車牛聲 鍾鈴螺鼓聲
상 마 거 우 성 종 령 나 고 성

琴瑟箜篌聲 簫笛之音聲
금 슬 공 후 성 소 적 지 음 성

清淨好歌聲 聽之而不著
청 정 호 가 성 청 지 이 불 착

無數種人聲 聞悉能解了
무 수 종 인 성 문 실 능 해 료

又聞諸天聲 微妙之歌音
우 문 제 천 성 미 묘 지 가 음

及聞男女聲 童子童女聲
급 문 남 녀 성 동 자 동 녀 성

山川嶮谷中 迦陵頻伽聲
산 천 험 곡 중 가 릉 빈 가 성

命	命	等	諸	鳥	悉	聞	其	音	聲
명	명	등	제	조	실	문	기	음	성
地	獄	衆	苦	痛	種	種	楚	毒	聲
지	옥	중	고	통	종	종	초	독	성
餓	鬼	飢	渴	逼	求	索	飮	食	聲
아	귀	기	갈	핍	구	색	음	식	성
諸	阿	修	羅	等	居	在	大	海	邊
제	아	수	라	등	거	재	대	해	변
自	共	言	語	時	出	于	大	音	聲
자	공	언	어	시	출	우	대	음	성
如	是	說	法	者	安	住	於	此	間
여	시	설	법	자	안	주	어	차	간
遙	聞	是	衆	聲	而	不	壞	耳	根
요	문	시	중	성	이	불	괴	이	근
十	方	世	界	中	禽	獸	鳴	相	呼
시	방	세	계	중	금	수	명	상	호
其	說	法	之	人	於	此	悉	聞	之
기	설	법	지	인	어	차	실	문	지
其	諸	梵	天	上	光	音	及	遍	淨
기	제	범	천	상	광	음	급	변	정

乃至有頂天 言語之音聲
내 지 유 정 천　언 어 지 음 성

法師住於此 悉皆得聞之
법 사 주 어 차　실 개 득 문 지

一切比丘衆 及諸比丘尼
일 체 비 구 중　급 제 비 구 니

若讀誦經典 若爲他人說
약 독 송 경 전　약 위 타 인 설

法師住於此 悉皆得聞之
법 사 주 어 차　실 개 득 문 지

復有諸菩薩 讀誦於經法
부 유 제 보 살　독 송 어 경 법

若爲他人說 撰集解其義
약 위 타 인 설　찬 집 해 기 의

如是諸音聲 悉皆得聞之
여 시 제 음 성　실 개 득 문 지

諸佛大聖尊 敎化衆生者
제 불 대 성 존　교 화 중 생 자

於諸大會中 演說微妙法
어 제 대 회 중　연 설 미 묘 법

持此法華者 悉皆得聞之
지 차 법 화 자　실 개 득 문 지

三千大千界 內外諸音聲
삼 천 대 천 계　내 외 제 음 성

下至阿鼻獄 上至有頂天
하 지 아 비 옥　상 지 유 정 천

皆聞其音聲 而不壞耳根
개 문 기 음 성　이 불 괴 이 근

其耳聰利故 悉能分別知
기 이 총 리 고　실 능 분 별 지

持是法華者 雖未得天耳
지 시 법 화 자　수 미 득 천 이

但用所生耳 功德已如是
단 용 소 생 이　공 덕 이 여 시

復次 常精進 若善男子善女
부 차　상 정 진　약 선 남 자 선 여

人 受持是經 若讀若誦 若
인　수 지 시 경　약 독 약 송　약

解說若書寫 成就八百鼻功
해 설 약 서 사　성 취 팔 백 비 공

德 以是清淨鼻根 聞於三千
덕 이시청정비근 문어삼천

大千世界 上下内外 種種諸
대천세계 상하내외 종종제

香 須曼那華香 闍提華香
향 수만나화향 사제화향

末利華香 瞻蔔華香 波羅羅
말리화향 첨복화향 바라라

華香 赤蓮華香 青蓮華香
화향 적련화향 청련화향

白蓮華香 華樹香 果樹香
백련화향 화수향 과수향

栴檀香 沈水香 多摩羅跋香
전단향 침수향 다마라발향

多伽羅香 及千萬種和香 若
다가라향 급천만종화향 약

抹若丸若塗香 持是經者 於
말약환약도향 지시경자 어

此間住 悉能分別 又復別知
차간주 실능분별 우부별지

衆生之香 象香馬香 牛羊等
중생지향 상향마향 우양등

香 男香女香 童子香童女香
향 남향여향 동자향동녀향

及草木叢林香 若近若遠 所
급초목총림향 약근약원 소

有諸香 悉皆得聞 分別不
유제향 실개득문 분별불

錯 持是經者 雖住於此 亦
착 지시경자 수주어차 역

聞天上 諸天之香 波利質多
문천상 제천지향 파리질다

羅 拘鞞陀羅樹香 及曼陀羅
라 구비다라수향 급만다라

華香 摩訶曼陀羅華香 曼殊
화향 마하만다라화향 만수

沙華香 摩訶曼殊沙華香 栴
사화향 마하만수사화향 전

檀沈水 種種抹香 諸雜華香
단 침 수 종종말향 제잡화향

| 如是等天香 | 和合所出之香 |
| 여시등천향 | 화합소출지향 |

無不聞知 又聞諸天身香 釋
무불문지 우문제천신향 석

提桓因 在勝殿上 五欲娛樂
제환인 재승전상 오욕오락

嬉戲時香 若在妙法堂上 爲
희희시향 약재묘법당상 위

忉利諸天 說法時香 若於諸
도리제천 설법시향 약어제

園 遊戲時香 及餘天等 男
원 유희시향 급여천등 남

女身香 皆悉遙聞 如是展轉
녀신향 개실요문 여시전전

乃至梵世 上至有頂 諸天身
내지범세 상지유정 제천신

香 亦皆聞之 并聞諸天 所
향 역개문지 병문제천 소

燒之香 及聲聞香 辟支佛香
소지향 급성문향 벽지불향

菩薩香 諸佛身香 亦皆遙聞
보살향 제불신향 역개요문

知其所在 雖聞此香 然於鼻
지기소재 수문차향 연어비

根 不壞不錯 若欲分別 爲
근 불괴불착 약욕분별 위

他人說 憶念不謬 爾時 世
타인설 억념불류 이시 세

尊 欲重宣此義 而說偈言
존 욕중선차의 이설게언

是人鼻清淨 於此世界中
시인비청정 어차세계중

若香若臭物 種種悉聞知
약향약취물 종종실문지

須曼那闍提 多摩羅栴檀
수만나사제 다마라전단

沈水及桂香 種種華果香
침수급계향 종종화과향

及知衆生香 男子女人香
급지중생향 남자여인향

說法者遠住　聞香知所在
설 법 자 원 주　문 향 지 소 재

大勢轉輪王　小轉輪及子
대 세 전 륜 왕　소 전 륜 급 자

群臣諸宮人　聞香知所在
군 신 제 궁 인　문 향 지 소 재

身所著珍寶　及地中寶藏
신 소 착 진 보　급 지 중 보 장

轉輪王寶女　聞香知所在
전 륜 왕 보 녀　문 향 지 소 재

諸人嚴身具　衣服及瓔珞
제 인 엄 신 구　의 복 급 영 락

種種所塗香　聞香知其身
종 종 소 도 향　문 향 지 기 신

諸天若行坐　遊戲及神變
제 천 약 행 좌　유 희 급 신 변

持是法華者　聞香悉能知
지 시 법 화 자　문 향 실 능 지

諸樹華果實　及酥油香氣
제 수 화 과 실　급 소 유 향 기

| 持經者住此 | 悉知其所在 |
| 지 경 자 주 차 | 실 지 기 소 재 |

諸山深嶮處　栴檀樹花敷
제 산 심 험 처　전 단 수 화 부

衆生在中者　聞香皆能知
중 생 재 중 자　문 향 개 능 지

鐵圍山大海　地中諸衆生
철 위 산 대 해　지 중 제 중 생

持經者聞香　悉知其所在
지 경 자 문 향　실 지 기 소 재

阿修羅男女　及其諸眷屬
아 수 라 남 녀　급 기 제 권 속

鬪諍遊戲時　聞香皆能知
투 쟁 유 희 시　문 향 개 능 지

曠野險隘處　師子象虎狼
광 야 험 애 처　사 자 상 호 랑

野牛水牛等　聞香知所在
야 우 수 우 등　문 향 지 소 재

若有懷妊者　未辨其男女
약 유 회 임 자　미 변 기 남 녀

| 無根及非人 | 聞香悉能知 |
| 무 근 급 비 인 | 문 향 실 능 지 |

以聞香力故　知其初懷妊
이 문 향 력 고　지 기 초 회 임

成就不成就　安樂産福子
성 취 불 성 취　안 락 산 복 자

以聞香力故　知男女所念
이 문 향 력 고　지 남 녀 소 념

染欲癡恚心　亦知修善者
염 욕 치 에 심　역 지 수 선 자

地中衆伏藏　金銀諸珍寶
지 중 중 복 장　금 은 제 진 보

銅器之所盛　聞香悉能知
동 기 지 소 성　문 향 실 능 지

種種諸瓔珞　無能識其價
종 종 제 영 락　무 능 식 기 가

聞香知貴賤　出處及所在
문 향 지 귀 천　출 처 급 소 재

天上諸華等　曼陀曼殊沙
천 상 제 화 등　만 다 만 수 사

波利質多樹 聞香悉能知
파 리 질 다 수 문 향 실 능 지

天上諸宮殿 上中下差別
천 상 제 궁 전 상 중 하 차 별

衆寶花莊嚴 聞香悉能知
중 보 화 장 엄 문 향 실 능 지

天園林勝殿 諸觀妙法堂
천 원 림 승 전 제 관 묘 법 당

在中而娛樂 聞香悉能知
재 중 이 오 락 문 향 실 능 지

諸天若聽法 或受五欲時
제 천 약 청 법 혹 수 오 욕 시

來往行坐臥 聞香悉能知
내 왕 행 좌 와 문 향 실 능 지

天女所著衣 好華香莊嚴
천 녀 소 착 의 호 화 향 장 엄

周旋遊戲時 聞香悉能知
주 선 유 희 시 문 향 실 능 지

如是展轉上 乃至於梵世
여 시 전 전 상 내 지 어 범 세

入禪出禪者 聞香悉能知
입 선 출 선 자 문 향 실 능 지

光音遍淨天 乃至于有頂
광 음 변 정 천 내 지 우 유 정

初生及退沒 聞香悉能知
초 생 급 퇴 몰 문 향 실 능 지

諸比丘衆等 於法常精進
제 비 구 중 등 어 법 상 정 진

若坐若經行 及讀誦經法
약 좌 약 경 행 급 독 송 경 법

或在林樹下 專精而坐禪
혹 재 림 수 하 전 정 이 좌 선

持經者聞香 悉知其所在
지 경 자 문 향 실 지 기 소 재

菩薩志堅固 坐禪若讀誦
보 살 지 견 고 좌 선 약 독 송

或爲人說法 聞香悉能知
혹 위 인 설 법 문 향 실 능 지

在在方世尊 一切所恭敬
재 재 방 세 존 일 체 소 공 경

愍衆而說法 聞香悉能知
민 중 이 설 법　문 향 실 능 지

衆生在佛前 聞經皆歡喜
중 생 재 불 전　문 경 개 환 희

如法而修行 聞香悉能知
여 법 이 수 행　문 향 실 능 지

雖未得菩薩 無漏法生鼻
수 미 득 보 살　무 루 법 생 비

而是持經者 先得此鼻相
이 시 지 경 자　선 득 차 비 상

復次 常精進 若善男子善女
부 차　상 정 진　약 선 남 자 선 여

人 受持是經 若讀若誦 若
인　수 지 시 경　약 독 약 송　약

解說若書寫 得千二百舌功
해 설 약 서 사　득 천 이 백 설 공

德 若好若醜 若美不美 及
덕　약 호 약 추　약 미 불 미　급

諸苦澁物 在其舌根 皆變
제 고 삽 물　재 기 설 근　개 변

成上味 如天甘露 無不美
성상미 여천감로 무불미

者 若以舌根 於大衆中 有
자 약이설근 어대중중 유

所演說 出深妙聲 能入其心
소연설 출심묘성 능입기심

皆令歡喜快樂 又諸天子天
개령환희쾌락 우제천자천

女 釋梵諸天 聞是深妙音聲
녀 석범제천 문시심묘음성

有所演說 言論次第 皆悉來
유소연설 언론차제 개실래

聽 及諸龍龍女 夜叉夜叉女
청 급제용용녀 야차야차녀

乾闥婆乾闥婆女 阿修羅阿
건달바건달바녀 아수라아

修羅女 迦樓羅迦樓羅女 緊
수라녀 가루라가루라녀 긴

那羅緊那羅女 摩睺羅伽摩
나라긴나라녀 마후라가마

睺羅伽女 爲聽法故 皆來
후 라 가 녀　위 청 법 고　개 래

親近 恭敬供養 及比丘比丘
친 근　공 경 공 양　급 비 구 비 구

尼 優婆塞優婆夷 國王王子
니　우 바 새 우 바 이　국 왕 왕 자

群臣眷屬 小轉輪王 大轉輪
군 신 권 속　소 전 륜 왕　대 전 륜

王 七寶千子 內外眷屬 乘
왕　칠 보 천 자　내 외 권 속　승

其宮殿 俱來聽法 以是菩薩
기 궁 전　구 래 청 법　이 시 보 살

善說法故 婆羅門 居士 國
선 설 법 고　바 라 문　거 사　국

內人民 盡其形壽 隨侍供養
내 인 민　진 기 형 수　수 시 공 양

又諸聲聞 辟支佛 菩薩 諸
우 제 성 문　벽 지 불　보 살　제

佛 常樂見之 是人 所在方
불　상 락 견 지　시 인　소 재 방

面　諸佛　皆向其處說法　悉
면　제불　개향기처설법　실

能受持　一切佛法　又能出於
능수지　일체불법　우능출어

深妙法音　爾時　世尊　欲重
심묘법음　이시　세존　욕중

宣此義　而說偈言
선차의　이설게언

是人舌根淨　終不受惡味
시인설근정　종불수악미

其有所食噉　悉皆成甘露
기유소식담　실개성감로

以深淨妙聲　於大衆說法
이심정묘성　어대중설법

以諸因緣喩　引導衆生心
이제인연유　인도중생심

聞者皆歡喜　設諸上供養
문자개환희　설제상공양

諸天龍夜叉　及阿修羅等
제천룡야차　급아수라등

皆以恭敬心	而共來聽法
개 이 공 경 심	이 공 래 청 법
是說法之人	若欲以妙音
시 설 법 지 인	약 욕 이 묘 음
遍滿三千界	隨意卽能至
변 만 삼 천 계	수 의 즉 능 지
大小轉輪王	及千子眷屬
대 소 전 륜 왕	급 천 자 권 속
合掌恭敬心	常來聽受法
합 장 공 경 심	상 래 청 수 법
諸天龍夜叉	羅刹毘舍闍
제 천 룡 야 차	나 찰 비 사 사
亦以歡喜心	常樂來供養
역 이 환 희 심	상 락 래 공 양
梵天王魔王	自在大自在
범 천 왕 마 왕	자 재 대 자 재
如是諸天衆	常來至其所
여 시 제 천 중	상 래 지 기 소
諸佛及弟子	聞其說法音
제 불 급 제 자	문 기 설 법 음

常念而守護 或時爲現身
상 념 이 수 호　혹 시 위 현 신

復次 常精進 若善男子善女
부 차　상 정 진　약 선 남 자 선 여

人 受持是經 若讀若誦 若
인　수 지 시 경　약 독 약 송　약

解說若書寫 得八百身功德
해 설 약 서 사　득 팔 백 신 공 덕

得淸淨身 如淨琉璃 衆生喜
득 청 정 신　여 정 유 리　중 생 희

見 其身淨故 三千大千世界
견　기 신 정 고　삼 천 대 천 세 계

衆生 生時死時 上下好醜
중 생　생 시 사 시　상 하 호 추

生善處惡處 悉於中現 及鐵
생 선 처 악 처　실 어 중 현　급 철

圍山 大鐵圍山 彌樓山 摩
위 산　대 철 위 산　미 루 산　마

訶彌樓山等 諸山 及其中衆
하 미 루 산 등　제 산　급 기 중 중

生 悉於中現 下至阿鼻地獄
생 실어중현 하지아비지옥

上至有頂 所有及衆生 悉於
상지유정 소유급중생 실어

中現 若聲聞辟支佛 菩薩諸
중현 약성문벽지불 보살제

佛說法 皆於身中 現其色像
불설법 개어신중 현기색상

爾時 世尊 欲重宣此義 而
이시 세존 욕중선차의 이

說偈言
설게언

若持法華者 其身甚淸淨
약지법화자 기신심청정

如彼淨琉璃 衆生皆喜見
여피정유리 중생개희견

又如淨明鏡 悉見諸色像
우여정명경 실견제색상

菩薩於淨身 皆見世所有
보살어정신 개견세소유

唯獨自明了 餘人所不見
유 독 자 명 료　여 인 소 불 견

三千世界中 一切諸群萌
삼 천 세 계 중　일 체 제 군 맹

天人阿修羅 地獄鬼畜生
천 인 아 수 라　지 옥 귀 축 생

如是諸色像 皆於身中現
여 시 제 색 상　개 어 신 중 현

諸天等宮殿 乃至於有頂
제 천 등 궁 전　내 지 어 유 정

鐵圍及彌樓 摩訶彌樓山
철 위 급 미 루　마 하 미 루 산

諸大海水等 皆於身中現
제 대 해 수 등　개 어 신 중 현

諸佛及聲聞 佛子菩薩等
제 불 급 성 문　불 자 보 살 등

若獨若在衆 說法悉皆現
약 독 약 재 중　설 법 실 개 현

雖未得無漏 法性之妙身
수 미 득 무 루　법 성 지 묘 신

以淸淨常體 一切於中現
이 청 정 상 체　일 체 어 중 현

復次 常精進 若善男子善女
부 차　상 정 진　약 선 남 자 선 여

人 如來滅後 受持是經 若
인　여 래 멸 후　수 지 시 경　약

讀若誦 若解說若書寫 得
독 약 송　약 해 설 약 서 사　득

千二百意功德 以是淸淨意
천 이 백 의 공 덕　이 시 청 정 의

根 乃至聞一偈一句 通達無
근　내 지 문 일 게 일 구　통 달 무

量無邊之義 解是義已 能演
량 무 변 지 의　해 시 의 이　능 연

說 一句一偈 至於一月四月
설　일 구 일 게　지 어 일 월 사 월

乃至一歲 諸所說法 隨其義
내 지 일 세　제 소 설 법　수 기 의

趣 皆與實相 不相違背 若
취　개 여 실 상　불 상 위 배　약

說俗間經書 治世語言 資生
설 속 간 경 서   치 세 어 언   자 생

業等 皆順正法 三千大千世
업 등   개 순 정 법   삼 천 대 천 세

界 六趣眾生 心之所行 心
계   육 취 중 생   심 지 소 행   심

所動作 心所戲論 皆悉知之
소 동 작   심 소 희 론   개 실 지 지

雖未得 無漏智慧 而其意根
수 미 득   무 루 지 혜   이 기 의 근

清淨如此 是人 有所思惟
청 정 여 차   시 인   유 소 사 유

籌量言說 皆是佛法 無不眞
주 량 언 설   개 시 불 법   무 불 진

實 亦是先佛 經中所說 爾
실   역 시 선 불   경 중 소 설   이

時 世尊 欲重宣此義 而說
시   세 존   욕 중 선 차 의   이 설

偈言
게 언

是人意清淨　明利無穢濁
시 인 의 청 정　명 리 무 예 탁

以此妙意根　知上中下法
이 차 묘 의 근　지 상 중 하 법

乃至聞一偈　通達無量義
내 지 문 일 게　통 달 무 량 의

次第如法說　月四月至歲
차 제 여 법 설　월 사 월 지 세

是世界內外　一切諸眾生
시 세 계 내 외　일 체 제 중 생

若天龍及人　夜叉鬼神等
약 천 룡 급 인　야 차 귀 신 등

其在六趣中　所念若干種
기 재 육 취 중　소 념 약 간 종

持法華之報　一時皆悉知
지 법 화 지 보　일 시 개 실 지

十方無數佛　百福莊嚴相
시 방 무 수 불　백 복 장 엄 상

爲眾生說法　悉聞能受持
위 중 생 설 법　실 문 능 수 지

思惟無量義	說法亦無量
사 유 무 량 의	설 법 역 무 량
終始不忘錯	以持法華故
종 시 불 망 착	이 지 법 화 고
悉知諸法相	隨義識次第
실 지 제 법 상	수 의 식 차 제
達名字語言	如所知演說
달 명 자 어 언	여 소 지 연 설
此人有所說	皆是先佛法
차 인 유 소 설	개 시 선 불 법
以演此法故	於衆無所畏
이 연 차 법 고	어 중 무 소 외
持法華經者	意根淨若斯
지 법 화 경 자	의 근 정 약 사
雖未得無漏	先有如是相
수 미 득 무 루	선 유 여 시 상
是人持此經	安住希有地
시 인 지 차 경	안 주 희 유 지
爲一切衆生	歡喜而愛敬
위 일 체 중 생	환 희 이 애 경

能以千萬種 善巧之語言
능 이 천 만 종　선 교 지 어 언

分別而說法 持法華經故
분 별 이 설 법　지 법 화 경 고

常不輕菩薩品 第二十
상불경보살품 제이십

爾時 佛告得大勢菩薩摩訶
이시 불고 득대세보살마하

薩 汝今當知 若比丘比丘
살 여금당지 약비구비구

尼 優婆塞優婆夷 持法華經
니 우바새우바이 지법화경

者 若有惡口 罵詈誹謗 獲
자 약유악구 매리비방 획

大罪報 如前所說 其所得功
대죄보 여전소설 기소득공

德 如向所說 眼耳鼻舌身意
덕 여향소설 안이비설신의

淸淨 得大勢 乃往古昔 過
청정 득대세 내왕고석 과

無量無邊 不可思議 阿僧祇
무 량 무 변 불 가 사 의 아 승 기

劫 有佛 名威音王如來 應
겁 유 불 명 위 음 왕 여 래 응

供 正遍知 明行足 善逝 世
공 정 변 지 명 행 족 선 서 세

間解 無上士 調御丈夫 天
간 해 무 상 사 조 어 장 부 천

人師 佛世尊 劫名離衰 國
인 사 불 세 존 겁 명 이 쇠 국

名大成 其威音王佛 於彼世
명 대 성 기 위 음 왕 불 어 피 세

中 爲天人阿修羅說法 爲求
중 위 천 인 아 수 라 설 법 위 구

聲聞者 說應四諦法 度生老
성 문 자 설 응 사 제 법 도 생 로

病死 究竟涅槃 爲求辟支佛
병 사 구 경 열 반 위 구 벽 지 불

者 說應十二因緣法 爲諸菩
자 설 응 십 이 인 연 법 위 제 보

薩 因阿耨多羅三藐三菩提
살 인아뇩다라삼먁삼보리

說應六波羅蜜法 究竟佛慧
설 응육바라밀법 구경불혜

得大勢 是威音王佛 壽四十
득대세 시위음왕불 수사십

萬億 那由他 恒河沙劫 正
만억 나유타 항하사겁 정

法住世劫數 如一閻浮提微
법주세겁수 여일염부제미

塵 像法住世劫數 如四天下
진 상법주세겁수 여사천하

微塵 其佛 饒益衆生已 然
미진 기불 요익중생이 연

後滅度 正法像法 滅盡之
후멸도 정법상법 멸진지

後 於此國土 復有佛出 亦
후 어차국토 부유불출 역

號威音王如來 應供 正遍
호위음왕여래 응공 정변

知 明行足 善逝 世間解 無
지 명행족 선서 세간해 무

上士 調御丈夫 天人師 佛
상사 조어장부 천인사 불

世尊 如是次第 有二萬億佛
세존 여시차제 유이만억불

皆同一號 最初威音王如來
개동일호 최초위음왕여래

旣已滅度 正法滅後 於像法
기이멸도 정법멸후 어상법

中 增上慢比丘 有大勢力
중 증상만비구 유대세력

爾時 有一菩薩比丘 名常不
이시 유일보살비구 명상불

輕 得大勢 以何因緣 名常
경 득대세 이하인연 명상

不輕 是比丘 凡有所見 若
불경 시비구 범유소견 약

比丘比丘尼 優婆塞優婆夷
비구비구니 우바새우바이

皆悉禮拜讚歎 而作是言 我
개 실 예 배 찬 탄　이 작 시 언　아

深敬汝等 不敢輕慢 所以者
심 경 여 등　불 감 경 만　소 이 자

何 汝等 皆行菩薩道 當得
하　여 등　개 행 보 살 도　당 득

作佛 而是比丘 不專讀誦經
작 불　이 시 비 구　부 전 독 송 경

典 但行禮拜 乃至遠見四衆
전　단 행 예 배　내 지 원 견 사 중

亦復故往 禮拜讚歎 而作是
역 부 고 왕　예 배 찬 탄　이 작 시

言 我不敢輕於汝等 汝等皆
언　아 불 감 경 어 여 등　여 등 개

當作佛 四衆之中 有生瞋恚
당 작 불　사 중 지 중　유 생 진 에

心不淨者 惡口罵詈言 是無
심 부 정 자　악 구 매 리 언　시 무

智比丘 從何所來 自言 我
지 비 구　종 하 소 래　자 언　아

不輕汝 而與我等授記 當得
불경여 이여아등수기 당득

作佛 我等 不用如是 虛妄
작불 아등 불용여시 허망

授記 如此經歷多年 常被罵
수기 여차경력다년 상피매

詈 不生瞋恚 常作是言 汝
리 불생진에 상작시언 여

當作佛 說是語時 衆人 或
당작불 설시어시 중인 혹

以杖木瓦石 而打擲之 避走
이장목와석 이타척지 피주

遠住 猶高聲唱言 我不敢輕
원주 유고성창언 아불감경

於汝等 汝等 皆當作佛 以
어여등 여등 개당작불 이

其常作是語故 增上慢 比丘
기상작시어고 증상만 비구

比丘尼 優婆塞優婆夷 號之
비구니 우바새우바이 호지

爲常不輕 是比丘 臨欲終
위상불경 시비구 임욕종

時 於虛空中 具聞威音王
시 어허공중 구문위음왕

佛 先所說法華經 二十千萬
불 선소설법화경 이십천만

億偈 悉能受持 即得如上
억게 실능수지 즉득여상

眼根淸淨 耳鼻舌身意根淸
안근청정 이비설신의근청

淨 得是六根淸淨已 更增壽
정 득시육근청정이 갱증수

命 二百萬億 那由他歲 廣
명 이백만억 나유타세 광

爲人說 是法華經 於時 增
위인설 시법화경 어시 증

上慢四衆 比丘比丘尼 優婆
상만사중 비구비구니 우바

塞優婆夷 輕賤是人 爲作不
새우바이 경천시인 위작불

輕名者 見其得大神通力 樂
경명자 견기득대신통력 요

說辯力 大善寂力 聞其所說
설변력 대선적력 문기소설

皆信伏隨從 是菩薩 復化
개신복수종 시보살 부화

千萬億衆 令住阿耨多羅三
천만억중 영주아뇩다라삼

藐三菩提 命終之後 得值
먁삼보리 명종지후 득치

二千億佛 皆號日月燈明 於
이천억불 개호일월등명 어

其法中 說是法華經 以是因
기법중 설시법화경 이시인

緣 復值二千億佛 同號雲自
연 부치이천억불 동호운자

在燈王 於此諸佛法中 受持
재등왕 어차제불법중 수지

讀誦 爲諸四衆 說此經典故
독송 위제사중 설차경전고

得是常眼清淨　耳鼻舌身意
득 시 상 안 청 정　이 비 설 신 의

諸根清淨　於四衆中說法　心
제 근 청 정　어 사 중 중 설 법　심

無所畏　得大勢　是常不輕菩
무 소 외　득 대 세　시 상 불 경 보

薩摩訶薩　供養如是　若干諸
살 마 하 살　공 양 여 시　약 간 제

佛　恭敬尊重讚歎　種諸善根
불　공 경 존 중 찬 탄　종 제 선 근

於後復值　千萬億佛　亦於諸
어 후 부 치　천 만 억 불　역 어 제

佛法中　說是經典　功德成就
불 법 중　설 시 경 전　공 덕 성 취

當得作佛　得大勢　於意云
당 득 작 불　득 대 세　어 의 운

何　爾時　常不輕菩薩　豈異
하　이 시　상 불 경 보 살　기 이

人乎　則我身是　若我於宿世
인 호　즉 아 신 시　약 아 어 숙 세

不受持讀誦此經 爲他人說
불 수 지 독 송 차 경 위 타 인 설

者 不能疾得 阿耨多羅三藐
자 불 능 질 득 아 뇩 다 라 삼 먁

三菩提 我於先佛所 受持讀
삼 보 리 아 어 선 불 소 수 지 독

誦此經 爲人說故 疾得阿耨
송 차 경 위 인 설 고 질 득 아 뇩

多羅三藐三菩提 得大勢 彼
다 라 삼 먁 삼 보 리 득 대 세 피

時四衆 比丘比丘尼 優婆塞
시 사 중 비 구 비 구 니 우 바 새

優婆夷 以瞋恚意 輕賤我故
우 바 이 이 진 에 의 경 천 아 고

二百億劫 常不值佛 不聞
이 백 억 겁 상 불 치 불 불 문

法 不見僧 千劫 於阿鼻地
법 불 견 승 천 겁 어 아 비 지

獄 受大苦惱 畢是罪已 復
옥 수 대 고 뇌 필 시 죄 이 부

遇常不輕菩薩 敎化 阿耨多
우 상 불 경 보 살 교 화 아 녹 다

羅三藐三菩提 得大勢 於汝
라 삼 먁 삼 보 리 득 대 세 어 여

意云何 爾時 四衆 常輕是
의 운 하 이 시 사 중 상 경 시

菩薩者 豈異人乎 今此會中
보 살 자 기 이 인 호 금 차 회 중

跋陀婆羅等 五百菩薩 師子
발 타 바 라 등 오 백 보 살 사 자

月等 五百比丘尼 思佛等
월 등 오 백 비 구 니 사 불 등

五百優婆塞 皆於阿耨多羅
오 백 우 바 새 개 어 아 녹 다 라

三藐三菩提 不退轉者是 得
삼 먁 삼 보 리 불 퇴 전 자 시 득

大勢當知 是法華經 大饒益
대 세 당 지 시 법 화 경 대 요 익

諸菩薩摩訶薩 能令至於 阿
제 보 살 마 하 살 능 령 지 어 아

제20 상불경보살품 59

耨多羅三藐三菩提 是故 諸
녹 다 라 삼 먁 삼 보 리 시 고 제

菩薩摩訶薩 於如來滅後 常
보 살 마 하 살 어 여 래 멸 후 상

應受持讀誦 解說書寫是經
응 수 지 독 송 해 설 서 사 시 경

爾時 世尊 欲重宣此義 而
이 시 세 존 욕 중 선 차 의 이

說偈言
설 게 언

過去有佛 號威音王
과 거 유 불 호 위 음 왕

神智無量 將導一切
신 지 무 량 장 도 일 체

天人龍神 所共供養
천 인 용 신 소 공 공 양

是佛滅後 法欲盡時
시 불 멸 후 법 욕 진 시

有一菩薩 名常不輕
유 일 보 살 명 상 불 경

時諸四衆 計著於法
시 제 사 중　계 착 어 법

不輕菩薩 往到其所
불 경 보 살　왕 도 기 소

而語之言 我不輕汝
이 어 지 언　아 불 경 여

汝等行道 皆當作佛
여 등 행 도　개 당 작 불

諸人聞已 輕毀罵詈
제 인 문 이　경 훼 매 리

不輕菩薩 能忍受之
불 경 보 살　능 인 수 지

其罪畢已 臨命終時
기 죄 필 이　임 명 종 시

得聞此經 六根清淨
득 문 차 경　육 근 청 정

神通力故 增益壽命
신 통 력 고　증 익 수 명

復爲諸人 廣說是經
부 위 제 인　광 설 시 경

諸	著	法	衆	皆	蒙	菩	薩
제	착	법	중	개	몽	보	살
教	化	成	就	令	住	佛	道
교	화	성	취	영	주	불	도
不	輕	命	終	值	無	數	佛
불	경	명	종	치	무	수	불
說	是	經	故	得	無	量	福
설	시	경	고	득	무	량	복
漸	具	功	德	疾	成	佛	道
점	구	공	덕	질	성	불	도
彼	時	不	輕	則	我	身	是
피	시	불	경	즉	아	신	시
時	四	部	衆	著	法	之	者
시	사	부	중	착	법	지	자
聞	不	輕	言	汝	當	作	佛
문	불	경	언	여	당	작	불
以	是	因	緣	值	無	數	佛
이	시	인	연	치	무	수	불
此	會	菩	薩	五	百	之	衆
차	회	보	살	오	백	지	중

幷及四部 淸信士女
병급사부 청신사녀

今於我前 聽法者是
금어아전 청법자시

我於前世 勸是諸人
아어전세 권시제인

聽受斯經 第一之法
청수사경 제일지법

開示敎人 令住涅槃
개시교인 영주열반

世世受持 如是經典
세세수지 여시경전

億億萬劫 至不可議
억억만겁 지불가의

時乃得聞 是法華經
시내득문 시법화경

億億萬劫 至不可議
억억만겁 지불가의

諸佛世尊 時說是經
제불세존 시설시경

是故行者 於佛滅後
시 고 행 자 　 어 불 멸 후

聞如是經 勿生疑惑
문 여 시 경 　 물 생 의 혹

應當一心 廣說此經
응 당 일 심 　 광 설 차 경

世世値佛 疾成佛道
세 세 치 불 　 질 성 불 도

如來神力品 第二十一
여래신력품 제이십일

爾時 千世界微塵等 菩薩摩
이시 천세계미진등 보살마

訶薩 從地涌出者 皆於佛前
하살 종지용출자 개어불전

一心合掌 瞻仰尊顔 而白佛
일심합장 첨앙존안 이백불

言 世尊 我等 於佛滅後 世
언 세존 아등 어불멸후 세

尊分身 所在國土 滅度之處
존분신 소재국토 멸도지처

當廣說此經 所以者何 我
당광설차경 소이자하 아

等 亦自欲得 是眞淨大法
등 역자욕득 시진정대법

受持讀誦 解說書寫 而供
수 지 독 송　해 설 서 사　이 공

養之 爾時 世尊 於文殊師
양 지　이 시　세 존　어 문 수 사

利等 無量百千萬億 舊住娑
리 등　무 량 백 천 만 억　구 주 사

婆世界 菩薩摩訶薩 及諸比
바 세 계　보 살 마 하 살　급 제 비

丘比丘尼 優婆塞優婆夷 天
구 비 구 니　우 바 새 우 바 이　천

龍夜叉 乾闥婆阿修羅 迦樓
룡 야 차　건 달 바 아 수 라　가 루

羅緊那羅 摩睺羅伽 人非人
라 긴 나 라　마 후 라 가　인 비 인

等 一切衆前 現大神力 出
등　일 체 중 전　현 대 신 력　출

廣長舌 上至梵世 一切毛孔
광 장 설　상 지 범 세　일 체 모 공

放於無量無數色光 皆悉遍
방 어 무 량 무 수 색 광　개 실 변

照 十方世界 衆寶樹下 師
조 시방세계 중보수하 사

子座上 諸佛 亦復如是 出
자좌상 제불 역부여시 출

廣長舌 放無量光 釋迦牟尼
광장설 방무량광 석가모니

佛 及寶樹下諸佛 現神力時
불 급보수하제불 현신력시

滿百千歲 然後 還攝舌相
만백천세 연후 환섭설상

一時謦欬 俱共彈指 是二音
일시경해 구공탄지 시이음

聲 遍至十方 諸佛世界 地
성 변지시방 제불세계 지

皆六種震動 其中衆生 天龍
개육종진동 기중중생 천룡

夜叉 乾闥婆阿修羅 迦樓羅
야차 건달바아수라 가루라

緊那羅 摩睺羅伽 人非人等
긴나라 마후라가 인비인등

以佛神力故 皆見此娑婆世
이불신력고 개견차사바세

界 無量無邊 百千萬億 衆
계 무량무변 백천만억 중

寶樹下 師子座上諸佛 及見
보수하 사자좌상제불 급견

釋迦牟尼佛 共多寶如來 在
석가모니불 공다보여래 재

寶塔中 坐師子座 又見無量
보탑중 좌사자좌 우견무량

無邊 百千萬億 菩薩摩訶薩
무변 백천만억 보살마하살

及諸四衆 恭敬圍繞 釋迦牟
급제사중 공경위요 석가모

尼佛 旣見是已 皆大歡喜
니불 기견시이 개대환희

得未曾有 卽時諸天 於虛空
득미증유 즉시제천 어허공

中 高聲唱言 過此無量無邊
중 고성창언 과차무량무변

百千萬億 阿僧祇世界 有國
백천만억 아승기세계 유국

名娑婆 是中有佛 名釋迦牟
명 사 바 시 중 유 불 명 석 가 모

尼 今爲諸菩薩摩訶薩 說大
니 금 위 제 보 살 마 하 살 설 대

乘經 名妙法蓮華 教菩薩法
승 경 명 묘 법 연 화 교 보 살 법

佛所護念 汝等 當深心隨喜
불 소 호 념 여 등 당 심 심 수 희

亦當禮拜供養 釋迦牟尼佛
역 당 예 배 공 양 석 가 모 니 불

彼諸眾生 聞虛空中聲已 合
피 제 중 생 문 허 공 중 성 이 합

掌向娑婆世界 作如是言 南
장 향 사 바 세 계 작 여 시 언 나

無釋迦牟尼佛 南無釋迦牟
무 석 가 모 니 불 나 무 석 가 모

尼佛 以種種華香 瓔珞幡蓋
니 불 이 종 종 화 향 영 락 번 개

제21 여래신력품

及諸嚴身之具 珍寶妙物 皆
급 제 엄 신 지 구　진 보 묘 물　개

共遙散 娑婆世界 所散諸物
공 요 산　사 바 세 계　소 산 제 물

從十方來 譬如雲集 變成寶
종 시 방 래　비 여 운 집　변 성 보

帳 遍覆此間 諸佛之上 于
장　변 부 차 간　제 불 지 상　우

時 十方世界 通達無礙 如
시　시 방 세 계　통 달 무 애　여

一佛土 爾時 佛告上行等
일 불 토　이 시　불 고 상 행 등

菩薩大衆 諸佛神力 如是無
보 살 대 중　제 불 신 력　여 시 무

量無邊 不可思議 若我以是
량 무 변　불 가 사 의　약 아 이 시

神力 於無量無邊 百千萬
신 력　어 무 량 무 변　백 천 만

億 阿僧祇劫 爲囑累故 說
억　아 승 기 겁　위 촉 루 고　설

此經功德 猶不能盡 以要言
차 경 공 덕　유 불 능 진　이 요 언

之 如來一切 所有之法 如
지　여 래 일 체　소 유 지 법　여

來一切 自在神力 如來一切
래 일 체　자 재 신 력　여 래 일 체

秘要之藏 如來一切 甚深之
비 요 지 장　여 래 일 체　심 심 지

事 皆於此經 宣示顯說 是
사　개 어 차 경　선 시 현 설　시

故汝等 於如來滅後 應一心
고 여 등　어 여 래 멸 후　응 일 심

受持讀誦 解說書寫 如說修
수 지 독 송　해 설 서 사　여 설 수

行 所在國土 若有受持讀誦
행　소 재 국 토　약 유 수 지 독 송

解說書寫 如說修行 若經卷
해 설 서 사　여 설 수 행　약 경 권

所住之處 若於園中 若於林
소 주 지 처　약 어 원 중　약 어 림

제21 여래신력품

中 若於樹下 若於僧坊 若
중 약어수하 약어승방 약

白衣舍 若在殿堂 若山谷曠
백의사 약재전당 약산곡광

野 是中 皆應起塔供養 所
야 시중 개응기탑공양 소

以者何 當知是處 卽是道場
이자하 당지시처 즉시도량

諸佛於此 得阿耨多羅三藐
제불어차 득아뇩다라삼먁

三菩提 諸佛於此 轉于法輪
삼보리 제불어차 전우법륜

諸佛於此 而般涅槃 爾時
제불어차 이반열반 이시

世尊 欲重宣此義 而說偈言
세존 욕중선차의 이설게언

諸佛救世者 住於大神通
제불구세자 주어대신통

爲悅衆生故 現無量神力
위열중생고 현무량신력

舌相至梵天	身放無數光
설 상 지 범 천	신 방 무 수 광
爲求佛道者	現此希有事
위 구 불 도 자	현 차 희 유 사
諸佛謦欬聲	及彈指之聲
제 불 경 해 성	급 탄 지 지 성
周聞十方國	地皆六種動
주 문 시 방 국	지 개 육 종 동
以佛滅度後	能持是經故
이 불 멸 도 후	능 지 시 경 고
諸佛皆歡喜	現無量神力
제 불 개 환 희	현 무 량 신 력
囑累是經故	讚美受持者
촉 루 시 경 고	찬 미 수 지 자
於無量劫中	猶故不能盡
어 무 량 겁 중	유 고 불 능 진
是人之功德	無邊無有窮
시 인 지 공 덕	무 변 무 유 궁
如十方虛空	不可得邊際
여 시 방 허 공	불 가 득 변 제

能持是經者	則爲已見我
능 지 시 경 자	즉 위 이 견 아

亦見多寶佛　及諸分身者
역 견 다 보 불　급 제 분 신 자

又見我今日　敎化諸菩薩
우 견 아 금 일　교 화 제 보 살

能持是經者　令我及分身
능 지 시 경 자　영 아 급 분 신

滅度多寶佛　一切皆歡喜
멸 도 다 보 불　일 체 개 환 희

十方現在佛　幷過去未來
시 방 현 재 불　병 과 거 미 래

亦見亦供養　亦令得歡喜
역 견 역 공 양　역 령 득 환 희

諸佛坐道場　所得秘要法
제 불 좌 도 량　소 득 비 요 법

能持是經者　不久亦當得
능 지 시 경 자　불 구 역 당 득

能持是經者　於諸法之義
능 지 시 경 자　어 제 법 지 의

名字及言辭 樂說無窮盡
명 자 급 언 사　요 설 무 궁 진

如風於空中 一切無障礙
여 풍 어 공 중　일 체 무 장 애

於如來滅後 知佛所說經
어 여 래 멸 후　지 불 소 설 경

因緣及次第 隨義如實說
인 연 급 차 제　수 의 여 실 설

如日月光明 能除諸幽冥
여 일 월 광 명　능 제 제 유 명

斯人行世間 能滅衆生闇
사 인 행 세 간　능 멸 중 생 암

教無量菩薩 畢竟住一乘
교 무 량 보 살　필 경 주 일 승

是故有智者 聞此功德利
시 고 유 지 자　문 차 공 덕 리

於我滅度後 應受持斯經
어 아 멸 도 후　응 수 지 사 경

是人於佛道 決定無有疑
시 인 어 불 도　결 정 무 유 의

囑累品 第二十二
촉 루 품 제 이 십 이

爾時 釋迦牟尼佛 從法座起
이시 석가모니불 종법좌기
現大神力 以右手 摩無量菩
현대신력 이우수 마무량보
薩摩訶薩頂 而作是言 我於
살마하살정 이작시언 아어
無量百千萬億 阿僧祇劫 修
무량백천만억 아승기겁 수
習是難得 阿耨多羅三藐三
습시난득 아뇩다라삼먁삼
菩提法 今以付囑汝等 汝等
보리법 금이부촉여등 여등
應當一心 流布此法 廣令增
응당일심 유포차법 광령증

益 如是三摩 諸菩薩摩訶薩
익 여시삼마 제보살마하살

頂 而作是言 我於無量百千
정 이작시언 아어무량백천

萬億 阿僧祇劫 修習是難得
만억 아승기겁 수습시난득

阿耨多羅三藐三菩提法 今
아뇩다라삼먁삼보리법 금

以付囑汝等 汝等 當受持讀
이부촉여등 여등 당수지독

誦 廣宣此法 令一切衆生
송 광선차법 영일체중생

普得聞知 所以者何 如來
보득문지 소이자하 여래

有大慈悲 無諸慳恪 亦無所
유대자비 무제간린 역무소

畏 能與衆生 佛之智慧 如
외 능여중생 불지지혜 여

來智慧 自然智慧 如來 是
래지혜 자연지혜 여래 시

一切衆生之大施主 汝等 亦
일 체 중 생 지 대 시 주 여 등 역

應隨學 如來之法 勿生慳
응 수 학 여 래 지 법 물 생 간

悋 於未來世 若有善男子善
린 어 미 래 세 약 유 선 남 자 선

女人 信如來智慧者 當爲演
여 인 신 여 래 지 혜 자 당 위 연

說 此法華經 使得聞知 爲
설 차 법 화 경 사 득 문 지 위

令其人 得佛慧故 若有衆生
령 기 인 득 불 혜 고 약 유 중 생

不信受者 當於如來 餘深
불 신 수 자 당 어 여 래 여 심

法中 示敎利喜 汝等 若能
법 중 시 교 리 희 여 등 약 능

如是 則爲已報 諸佛之恩
여 시 즉 위 이 보 제 불 지 은

時 諸菩薩摩訶薩 聞佛作
시 제 보 살 마 하 살 문 불 작

是說已 皆大歡喜 遍滿其
시 설 이 개 대 환 희 변 만 기

身 益加恭敬 曲躬低頭 合
신 익 가 공 경 곡 궁 저 두 합

掌向佛 俱發聲言 如世尊勅
장 향 불 구 발 성 언 여 세 존 칙

當具奉行 唯然世尊 願不有
당 구 봉 행 유 연 세 존 원 불 유

慮 諸菩薩摩訶薩衆 如是三
려 제 보 살 마 하 살 중 여 시 삼

反 俱發聲言 如世尊勅 當
반 구 발 성 언 여 세 존 칙 당

具奉行 唯然世尊 願不有慮
구 봉 행 유 연 세 존 원 불 유 려

爾時 釋迦牟尼佛 令十方來
이 시 석 가 모 니 불 영 시 방 래

諸分身佛 各還本土 而作是
제 분 신 불 각 환 본 토 이 작 시

言 諸佛各隨所安 多寶佛
언 제 불 각 수 소 안 다 보 불

塔 還可如故 說是語時 十
탑 환가여고 설시어시 시

方無量 分身諸佛 坐寶樹下
방 무 량 분 신 제 불 좌 보 수 하

師子座上者 及多寶佛 幷上
사 자 좌 상 자 급 다 보 불 병 상

行等 無邊阿僧祇 菩薩大眾
행 등 무 변 아 승 기 보 살 대 중

舍利弗等聲聞四眾 及一切
사 리 불 등 성 문 사 중 급 일 체

世間 天人阿修羅等 聞佛所
세 간 천 인 아 수 라 등 문 불 소

說 皆大歡喜
설 개 대 환 희

藥王菩薩本事品 第二十三
약왕보살본사품 제이십삼

爾時 宿王華菩薩 白佛言
이시 수왕화보살 백불언

世尊 藥王菩薩 云何遊於
세존 약왕보살 운하유어

娑婆世界 世尊 是藥王菩薩
사바세계 세존 시약왕보살

有若干百千萬億 那由他 難
유약간백천만억 나유타 난

行苦行 善哉世尊 願少解說
행고행 선재세존 원소해설

諸天龍神夜叉 乾闥婆阿修
제천룡신야차 건달바아수

羅 迦樓羅緊那羅 摩睺羅伽
라 가루라긴나라 마후라가

人非人等 又他國土 諸來
인 비 인 등 우 타 국 토 제 래

菩薩 及此聲聞衆 聞皆歡喜
보 살 급 차 성 문 중 문 개 환 희

爾時 佛告宿王華菩薩 乃
이 시 불 고 수 왕 화 보 살 내

往過去 無量恒河沙劫 有佛
왕 과 거 무 량 항 하 사 겁 유 불

號日月淨明德如來 應供 正
호 일 월 정 명 덕 여 래 응 공 정

遍知 明行足 善逝 世間解
변 지 명 행 족 선 서 세 간 해

無上士 調御丈夫 天人師
무 상 사 조 어 장 부 천 인 사

佛世尊 其佛 有八十億 大
불 세 존 기 불 유 팔 십 억 대

菩薩摩訶薩 七十二恒河沙
보 살 마 하 살 칠 십 이 항 하 사

大聲聞衆 佛壽 四萬二千劫
대 성 문 중 불 수 사 만 이 천 겁

菩薩壽命亦等 彼國 無有女
보 살 수 명 역 등 피 국 무 유 여

人 地獄餓鬼畜生 阿修羅等
인 지 옥 아 귀 축 생 아 수 라 등

及以諸難 地平如掌 琉璃所
급 이 제 난 지 평 여 장 유 리 소

成 寶樹莊嚴 寶帳覆上 垂
성 보 수 장 엄 보 장 부 상 수

寶華幡 寶瓶香爐 周遍國界
보 화 번 보 병 향 로 주 변 국 계

七寶爲臺 一樹一臺 其樹去
칠 보 위 대 일 수 일 대 기 수 거

臺 盡一箭道 此諸寶樹 皆
대 진 일 전 도 차 제 보 수 개

有菩薩聲聞 而坐其下 諸寶
유 보 살 성 문 이 좌 기 하 제 보

臺上 各有百億諸天 作天伎
대 상 각 유 백 억 제 천 작 천 기

樂 歌歎於佛 以爲供養 爾
악 가 탄 어 불 이 위 공 양 이

時彼佛爲一切衆生喜見菩
시 피불 위일체중생희견보

薩 及衆菩薩 諸聲聞衆 說
살 급중보살 제성문중 설

法華經 是一切衆生喜見菩
법화경 시일체중생희견보

薩 樂習苦行 於日月淨明德
살 낙습고행 어일월정명덕

佛法中 精進經行 一心求
불법중 정진경행 일심구

佛 滿萬二千歲已 得現一切
불 만만이천세이 득현일체

色身三昧 得此三昧已 心大
색신삼매 득차삼매이 심대

歡喜 卽作念言 我得 現一
환희 즉작념언 아득 현일

切色身三昧 皆是得聞 法華
체색신삼매 개시득문 법화

經力 我今當供養 日月淨明
경력 아금당공양 일월정명

德佛 及法華經 卽時 入是
덕불 급법화경 즉시 입시

三昧 於虛空中 雨曼陀羅華
삼매 어허공중 우만다라화

摩訶曼陀羅華 細抹堅黑栴
마하만다라화 세말견흑전

檀 滿虛空中 如雲而下 又
단 만허공중 여운이하 우

雨海此岸栴檀之香 此香六
우해차안전단지향 차향육

銖 價直娑婆世界 以供養佛
수 가치사바세계 이공양불

作是供養已 從三昧起 而自
작시공양이 종삼매기 이자

念言 我雖以神力 供養於佛
념언 아수이신력 공양어불

不如以身供養 卽服諸香 栴
불여이신공양 즉복제향 전

檀薰陸 兜樓婆 畢力迦 沈
단훈육 도루바 필력가 침

水膠香 又飲瞻蔔 諸華香油
수 교 향　우 음 첨 복　제 화 향 유

滿千二百歲已 香油塗身 於
만 천 이 백 세 이　향 유 도 신　어

日月淨明德佛前 以天寶衣
일 월 정 명 덕 불 전　이 천 보 의

而自纏身 灌諸香油 以神通
이 자 전 신　관 제 향 유　이 신 통

力願 而自然身 光明遍照
력 원　이 자 연 신　광 명 변 조

八十億 恒河沙世界 其中諸
팔 십 억　항 하 사 세 계　기 중 제

佛 同時讚言 善哉善哉 善
불　동 시 찬 언　선 재 선 재　선

男子 是眞精進 是名眞法
남 자　시 진 정 진　시 명 진 법

供養如來 若以華香瓔珞 燒
공 양 여 래　약 이 화 향 영 락　소

香抹香塗香 天繒幡蓋 及海
향 말 향 도 향　천 증 번 개　급 해

此岸栴檀之香 如是等 種種
차안 전단 지향　여시등　종종

諸物供養 所不能及 假使國
제물공양　소불능급　가사국

城 妻子布施 亦所不及 善
성　처자보시　역소불급　선

男子 是名 第一之施 於諸
남자　시명　제일지시　어제

施中 最尊最上 以法供養
시중　최존최상　이법공양

諸如來故 作是語已 而各默
제여래고　작시어이　이각묵

然 其身火燃 千二百歲 過
연　기신화연　천이백세　과

是已後 其身乃盡 一切衆生
시이후　기신내진　일체중생

喜見菩薩 作如是法供養已
희견보살　작여시법공양이

命終之後 復生日月淨明德
명종지후　부생일월정명덕

제23 약왕보살본사품

佛國中 於淨德王家 結跏趺
불 국 중 어 정 덕 왕 가 결 가 부

坐 忽然化生 卽爲其父 而
좌 홀 연 화 생 즉 위 기 부 이

說偈言
설 게 언

大王今當知 我經行彼處
대 왕 금 당 지 아 경 행 피 처

卽時得一切 現諸身三昧
즉 시 득 일 체 현 제 신 삼 매

勤行大精進 捨所愛之身
근 행 대 정 진 사 소 애 지 신

供養於世尊 爲求無上慧
공 양 어 세 존 위 구 무 상 혜

說是偈已 而白父言 日月淨
설 시 게 이 이 백 부 언 일 월 정

明德佛 今故現在 我先供養
명 덕 불 금 고 현 재 아 선 공 양

佛已 得解一切衆生語言陀
불 이 득 해 일 체 중 생 어 언 다

羅尼 復聞是法華經 八百千
라니 부문시법화경 팔백천

萬億 那由他 甄迦羅 頻婆
만억 나유타 견가라 빈바

羅 阿閦婆等偈 大王 我今
라 아축바등게 대왕 아금

當還 供養此佛 白已 卽坐
당환 공양차불 백이 즉좌

七寶之臺 上昇虛空 高七多
칠보지대 상승허공 고칠다

羅樹 往到佛所 頭面禮足
라수 왕도불소 두면예족

合十指爪 以偈讚佛
합십지조 이게찬불

容顔甚奇妙 光明照十方
용안심기묘 광명조시방

我適曾供養 今復還親覲
아적증공양 금부환친근

爾時 一切衆生喜見菩薩 說
이시 일체중생희견보살 설

제23 약왕보살본사품 89

是偈已 而白佛言 世尊 世
시 게 이 이 백 불 언 세 존 세

尊猶故在世 爾時 日月淨
존 유 고 재 세 이 시 일 월 정

明德佛 告一切衆生喜見菩
명 덕 불 고 일 체 중 생 희 견 보

薩 善男子 我涅槃時到 滅
살 선 남 자 아 열 반 시 도 멸

盡時至 汝可安施床座 我於
진 시 지 여 가 안 시 상 좌 아 어

今夜 當般涅槃 又勅一切衆
금 야 당 반 열 반 우 칙 일 체 중

生喜見菩薩 善男子 我以佛
생 희 견 보 살 선 남 자 아 이 불

法 囑累於汝 及諸菩薩大弟
법 촉 루 어 여 급 제 보 살 대 제

子 幷阿耨多羅三藐三菩提
자 병 아 뇩 다 라 삼 먁 삼 보 리

法 亦以三千大千 七寶世界
법 역 이 삼 천 대 천 칠 보 세 계

諸寶樹寶臺 及給侍諸天 悉
제 보 수 보 대　급 급 시 제 천　실

付於汝 我滅度後 所有舍利
부 어 여　아 멸 도 후　소 유 사 리

亦付囑汝 當令流布 廣設供
역 부 촉 여　당 령 유 포　광 설 공

養 應起若干千塔 如是 日
양　응 기 약 간 천 탑　여 시　일

月淨明德佛 勅一切衆生喜
월 정 명 덕 불　칙 일 체 중 생 희

見菩薩已 於夜後分 入於
견 보 살 이　어 야 후 분　입 어

涅槃 爾時 一切衆生喜見菩
열 반　이 시　일 체 중 생 희 견 보

薩 見佛滅度 悲感懊惱 戀
살　견 불 멸 도　비 감 오 뇌　연

慕於佛 卽以海此岸栴檀爲
모 어 불　즉 이 해 차 안 전 단 위

藉供養佛身 而以燒之 火滅
적 공 양 불 신　이 이 소 지　화 멸

已後 收取舍利 作八萬四千
이 후 수 취 사 리 작 팔 만 사 천

寶瓶 以起八萬四千塔 高
보 병 이 기 팔 만 사 천 탑 고

三世界 表刹莊嚴 垂諸幡
삼 세 계 표 찰 장 엄 수 제 번

蓋 懸衆寶鈴 爾時 一切衆
개 현 중 보 령 이 시 일 체 중

生喜見菩薩 復自念言 我雖
생 희 견 보 살 부 자 념 언 아 수

作是供養 心猶未足 我今當
작 시 공 양 심 유 미 족 아 금 당

更 供養舍利 便語諸菩薩大
갱 공 양 사 리 변 어 제 보 살 대

弟子 及天龍夜叉等 一切大
제 자 급 천 룡 야 차 등 일 체 대

衆 汝等 當一心念 我今供
중 여 등 당 일 심 념 아 금 공

養 日月淨明德佛舍利 作是
양 일 월 정 명 덕 불 사 리 작 시

語已 卽於八萬四千塔前 燃
어이 즉어 팔만 사천 탑전 연

百福莊嚴臂 七萬二千歲 而
백복장엄비 칠만이천세 이

以供養 令無數求聲聞衆 無
이공양 영무수구성문중 무

量阿僧祇人 發阿耨多羅三
량아승기인 발아뇩다라삼

藐三菩提心 皆使得住 現一
먁삼보리심 개사득주 현일

切色身三昧 爾時 諸菩薩天
체색신삼매 이시 제보살천

人 阿修羅等 見其無臂 憂
인 아수라등 견기무비 우

惱悲哀 而作是言 此一切衆
뇌비애 이작시언 차일체중

生喜見菩薩 是我等師 教化
생희견보살 시아등사 교화

我者 而今燒臂 身不具足
아자 이금소비 신불구족

于時 一切衆生喜見菩薩 於
우 시 　일 체 중 생 희 견 보 살 　어

大衆中 立此誓言 我捨兩臂
대 중 중 　입 차 서 언 　아 사 양 비

必當得佛 金色之身 若實不
필 당 득 불 　금 색 지 신 　약 실 불

虛 令我兩臂 還復如故 作
허 　영 아 양 비 　환 부 여 고 　작

是誓已 自然還復 由斯菩薩
시 서 이 　자 연 환 복 　유 사 보 살

福德智慧 淳厚所致 當爾之
복 덕 지 혜 　순 후 소 치 　당 이 지

時 三千大千世界 六種震動
시 　삼 천 대 천 세 계 　육 종 진 동

天雨寶華 一切人天 得未曾
천 우 보 화 　일 체 인 천 　득 미 증

有 佛告宿王華菩薩 於汝意
유 　불 고 수 왕 화 보 살 　어 여 의

云何 一切衆生喜見菩薩 豈
운 하 　일 체 중 생 희 견 보 살 　기

異人乎 今藥王菩薩是也 其
이 인 호 금 약 왕 보 살 시 야 기

所捨身布施 如是無量 百千
소 사 신 보 시 여 시 무 량 백 천

萬億 那由他數 宿王華 若
만 억 나 유 타 수 수 왕 화 약

有發心 欲得阿耨多羅三藐
유 발 심 욕 득 아 녹 다 라 삼 막

三菩提者 能燃手指 乃至足
삼 보 리 자 능 연 수 지 내 지 족

一指 供養佛塔 勝以國城妻
일 지 공 양 불 탑 승 이 국 성 처

子 及三千大千國土 山林河
자 급 삼 천 대 천 국 토 산 림 하

池 諸珍寶物 而供養者 若
지 제 진 보 물 이 공 양 자 약

復有人 以七寶 滿三千大千
부 유 인 이 칠 보 만 삼 천 대 천

世界 供養於佛 及大菩薩
세 계 공 양 어 불 급 대 보 살

辟支佛 阿羅漢 是人所得功
벽 지 불　아 라 한　시 인 소 득 공

德 不如受持 此法華經 乃
덕　불 여 수 지　차 법 화 경　내

至一四句偈 其福最多 宿王
지 일 사 구 게　기 복 최 다　수 왕

華 譬如一切 川流江河 諸
화　비 여 일 체　천 류 강 하　제

水之中 海爲第一 此法華經
수 지 중　해 위 제 일　차 법 화 경

亦復如是 於諸如來 所說經
역 부 여 시　어 제 여 래　소 설 경

中 最爲深大 又如土山黑山
중　최 위 심 대　우 여 토 산 흑 산

小鐵圍山 大鐵圍山 及十寶
소 철 위 산　대 철 위 산　급 십 보

山 衆山之中 須彌山爲第一
산　중 산 지 중　수 미 산 위 제 일

此法華經 亦復如是 於諸經
차 법 화 경　역 부 여 시　어 제 경

中 最爲其上 又如衆星之中
중 최 위 기 상　우 여 중 성 지 중

月天子 最爲第一 此法華經
월 천 자　최 위 제 일　차 법 화 경

亦復如是 於千萬億種 諸經
역 부 여 시　어 천 만 억 종　제 경

法中 最爲照明 又如日天子
법 중　최 위 조 명　우 여 일 천 자

能除諸闇 此經 亦復如是
능 제 제 암　차 경　역 부 여 시

能破一切 不善之闇 又如諸
능 파 일 체　불 선 지 암　우 여 제

小王中 轉輪聖王 最爲第
소 왕 중　전 륜 성 왕　최 위 제

一 此經 亦復如是 於衆經
일　차 경　역 부 여 시　어 중 경

中 最爲其尊 又如帝釋 於
중　최 위 기 존　우 여 제 석　어

三十三天中王 此經 亦復如
삼 십 삼 천 중 왕　차 경　역 부 여

是 諸經中王 又如大梵天王
시 제경중왕 우여대범천왕

一切衆生之父 此經 亦復如
일체중생지부 차경 역부여

是 一切賢聖 學無學 及發
시 일체현성 학무학 급발

菩薩心者之父 又如一切 凡
보살심자지부 우여일체 범

夫人中 須陀洹 斯陀含 阿
부인중 수다원 사다함 아

那含 阿羅漢 辟支佛爲第一
나함 아라한 벽지불위제일

此經 亦復如是 一切如來所
차경 역부여시 일체여래소

說 若菩薩所說 若聲聞所說
설 약보살소설 약성문소설

諸經法中 最爲第一 有能受
제경법중 최위제일 유능수

持 是經典者 亦復如是 於
지 시경전자 역부여시 어

一切衆生中 亦爲第一 一切
일 체 중 생 중　역 위 제 일　일 체

聲聞 辟支佛中 菩薩爲第一
성 문　벽 지 불 중　보 살 위 제 일

此經 亦復如是 於一切諸經
차 경　역 부 여 시　어 일 체 제 경

法中 最爲第一 如佛爲諸法
법 중　최 위 제 일　여 불 위 제 법

王 此經 亦復如是 諸經中
왕　차 경　역 부 여 시　제 경 중

王 宿王華 此經 能救一切
왕　수 왕 화　차 경　능 구 일 체

衆生者 此經 能令一切衆生
중 생 자　차 경　능 령 일 체 중 생

離諸苦惱 此經 能大饒益
이 제 고 뇌　차 경　능 대 요 익

一切衆生 充滿其願 如淸涼
일 체 중 생　충 만 기 원　여 청 량

池 能滿一切 諸渴乏者 如
지　능 만 일 체　제 갈 핍 자　여

寒者得火 如裸者得衣 如商
한 자 득 화　여 나 자 득 의　여 상

人得主 如子得母 如渡得船
인 득 주　여 자 득 모　여 도 득 선

如病得醫 如暗得燈 如貧得
여 병 득 의　여 암 득 등　여 빈 득

寶 如民得王 如賈客得海
보　여 민 득 왕　여 고 객 득 해

如炬除暗 此法華經 亦復如
여 거 제 암　차 법 화 경　역 부 여

是 能令衆生 離一切苦 一
시　능 령 중 생　이 일 체 고　일

切病痛 能解一切 生死之縛
체 병 통　능 해 일 체　생 사 지 박

若人得聞 此法華經 若自書
약 인 득 문　차 법 화 경　약 자 서

若使人書 所得功德 以佛智
약 사 인 서　소 득 공 덕　이 불 지

慧 籌量多少 不得其邊 若
혜　주 량 다 소　부 득 기 변　약

書是經卷 華香瓔珞 燒香抹
서 시 경 권 　 화 향 영 락 　 소 향 말

香塗香 幡蓋衣服 種種之燈
향 도 향 　 번 개 의 복 　 종 종 지 등

酥燈油燈 諸香油燈 瞻蔔油
소 등 유 등 　 제 향 유 등 　 첨 복 유

燈 須曼那油燈 波羅羅油燈
등 　 수 만 나 유 등 　 바 라 라 유 등

婆利師迦油燈 那婆摩利油
바 리 사 가 유 등 　 나 바 마 리 유

燈 供養 所得功德 亦復無
등 　 공 양 　 소 득 공 덕 　 역 부 무

量 宿王華 若有人 聞是藥
량 　 수 왕 화 　 약 유 인 　 문 시 약

王菩薩本事品者 亦得無量
왕 보 살 본 사 품 자 　 역 득 무 량

無邊功德 若有女人 聞是藥
무 변 공 덕 　 약 유 여 인 　 문 시 약

王菩薩本事品 能受持者 盡
왕 보 살 본 사 품 　 능 수 지 자 　 진

제23 약왕보살본사품

是女身 後不復受 若如來滅
시 여 신　후 불 부 수　약 여 래 멸

後　後五百歲中　若有女人
후　후 오 백 세 중　약 유 여 인

聞是經典 如說修行 於此命
문 시 경 전　여 설 수 행　어 차 명

終 卽往安樂世界 阿彌陀佛
종　즉 왕 안 락 세 계　아 미 타 불

大菩薩衆 圍繞住處 生蓮華
대 보 살 중　위 요 주 처　생 연 화

中 寶座之上 不復爲貪欲所
중　보 좌 지 상　불 부 위 탐 욕 소

惱 亦復不爲 瞋恚愚癡所惱
뇌　역 부 불 위　진 에 우 치 소 뇌

亦復不爲 憍慢嫉妬 諸垢所
역 부 불 위　교 만 질 투　제 구 소

惱 得菩薩神通 無生法忍
뇌　득 보 살 신 통　무 생 법 인

得是忍已 眼根淸淨 以是淸
득 시 인 이　안 근 청 정　이 시 청

淨眼根 見七百萬二千億 那
정안근 견칠백만이천억 나

由他 恒河沙等 諸佛如來
유타 항하사등 제불여래

是時諸佛 遙共讚言 善哉善
시시제불 요공찬언 선재선

哉 善男子 汝能 於釋迦牟
재 선남자 여능 어석가모

尼佛法中 受持讀誦 思惟是
니불법중 수지독송 사유시

經 爲他人說 所得福德 無
경 위타인설 소득복덕 무

量無邊 火不能燒 水不能漂
량무변 화불능소 수불능표

汝之功德 千佛共說 不能令
여지공덕 천불공설 불능영

盡 汝今已能 破諸魔賊 壞
진 여금이능 파제마적 괴

生死軍 諸餘怨敵 皆悉摧滅
생사군 제여원적 개실최멸

善男子 百千諸佛 以神通力
선 남 자　백 천 제 불　이 신 통 력

共守護汝 於一切世間 天人
공 수 호 여　어 일 체 세 간　천 인

之中 無如汝者 唯除如來
지 중　무 여 여 자　유 제 여 래

其諸聲聞 辟支佛 乃至菩薩
기 제 성 문　벽 지 불　내 지 보 살

智慧禪定 無有與汝等者 宿
지 혜 선 정　무 유 여 여 등 자　수

王華 此菩薩成就 如是功德
왕 화　차 보 살 성 취　여 시 공 덕

智慧之力 若有人 聞是藥王
지 혜 지 력　약 유 인　문 시 약 왕

菩薩本事品 能隨喜讚善者
보 살 본 사 품　능 수 희 찬 선 자

是人 現世口中 常出青蓮華
시 인　현 세 구 중　상 출 청 련 화

香 身毛孔中 常出牛頭栴檀
향　신 모 공 중　상 출 우 두 전 단

之香 所得功德 如上所說
지 향 소득공덕 여상소설

是故 宿王華 以此藥王菩薩
시 고 수왕화 이차약왕보살

本事品 囑累於汝 我滅度後
본사품 촉루어여 아멸도후

後五百歲中 廣宣流布 於閻
후오백세중 광선유포 어염

浮提 無令斷絕 惡魔魔民
부제 무령단절 악마마민

諸天龍夜叉 鳩槃茶等 得其
제천룡야차 구반다등 득기

便也 宿王華 汝當以神通之
편야 수왕화 여당이신통지

力 守護是經 所以者何 此
력 수호시경 소이자하 차

經 則爲閻浮提人 病之良藥
경 즉위염부제인 병지양약

若人有病 得聞是經 病即消
약인유병 득문시경 병즉소

滅 不老不死 宿王華 汝若
멸 불로불사 수왕화 여약

見 有受持是經者 應以青蓮
견 유수지시경자 응이청련

花 盛滿抹香 供散其上 散
화 성만말향 공산기상 산

已 作是念言 此人不久 必
이 작시념언 차인불구 필

當取草 坐於道場 破諸魔軍
당취초 좌어도량 파제마군

當吹法螺 擊大法鼓 度脫一
당취법라 격대법고 도탈일

切衆生 老病死海 是故 求
체중생 노병사해 시고 구

佛道者 見有受持 是經典人
불도자 견유수지 시경전인

應當如是 生恭敬心 說是藥
응당여시 생공경심 설시약

王菩薩本事品時 八萬四千
왕보살본사품시 팔만사천

菩薩 得解一切衆生語言陀
보 살　득 해 일 체 중 생 어 언 다

羅尼　多寶如來　於寶塔中
라 니　다 보 여 래　어 보 탑 중

讚宿王華菩薩言　善哉善哉
찬 수 왕 화 보 살 언　선 재 선 재

宿王華　汝成就　不可思議功
수 왕 화　여 성 취　불 가 사 의 공

德 乃能問釋迦牟尼佛 如此
덕　내 능 문 석 가 모 니 불　여 차

之事 利益無量 一切衆生
지 사　이 익 무 량　일 체 중 생

사경 끝난 날 : 불기   년   월   일

_____ 두손 모음

한문 법화경 사경 6

발행일 2024년 7월 18일
펴낸이 김시열
펴낸곳 도서출판 운주사

     (02832) 서울시 성북구 동소문로 67-1 성심빌딩 3층
     전화 (02) 926-8361 | 팩스 (0505) 115-8361
ISBN 978-89-5746-800-5　03220　값 6,000원
http://cafe.daum.net/unjubooks (다음 카페: 도서출판 운주사)